NOTICE BIOGRAPHIQUE

SUR

H. LEPAGE

PHARMACIEN A GISORS

Membre correspondant de l'Académie de Médecine

PAR

A. MALBRANCHE

Secrétaire de l'Académie des Sciences, Belles-Lettres et Arts de Rouen (Classe des Sciences)

Lue à la Société libre de l'Eure (Section de Bernay)
Dans la Séance publique tenue le 28 Novembre 1886
SOUS LA
Présidence de M. Louis PASSY, Député

BERNAY
IMPRIMERIE VEUVE A. LEFÈVRE, RUE DES FONTAINES, 40

1886

NOTICE BIOGRAPHIQUE

SUR

H. LÉPAGE

PHARMACIEN À SIERCK

Membre correspondant de l'Académie de [illegible]

PAR

A. [illegible]

[illegible]

[illegible]

METZ

[illegible]

NOTICE BIOGRAPHIQUE

SUR

H. LEPAGE

NOTICE BIOGRAPHIQUE

SUR

H. LEPAGE

PHARMACIEN A GISORS

Membre correspondant de l'Académie de Médecine

PAR

A. MALBRANCHE

*Secrétaire de l'Académie des Sciences, Belles-Lettres et Arts
de Rouen (Classe des Sciences)*

Lue à la Société libre de l'Eure (Section de Bernay)
Dans la Séance publique tenue le 28 Novembre 1886
SOUS LA
Présidence de M. Louis PASSY, Député

BERNAY

IMPRIMERIE VEUVE A. LEFÈVRE, RUE DES FONTAINES, 40

1886

NOTICE BIOGRAPHIQUE

SUR

H. LEPAGE

C'est un souci des plus touchants et des plus légitimes des Sociétés de conserver à la postérité le nom et les exemples de ceux qui se sont distingués par leurs talents ou leurs vertus. La Société libre de l'Eure n'a jamais manqué à ce devoir envers ses compatriotes. A ce titre, l'homme de bien et de science, auquel la ville de Gisors rendait dernièrement un public et solennel hommage, Hippolyte Lepage, mérite de prendre rang parmi nos célébrités locales, et c'est avec justice que la section de l'arrondissement de Bernay a voulu honorer sa mémoire par une inscription commémorative à son lieu de naissance et par une notice sur son œuvre, dont j'ai accepté avec plaisir la rédaction.

Lepage (Hippolyte), est né à Saint-Aubin-de-Scellon (Eure), le 5 mai 1814, de parents cultivateurs, auxquels des revers de fortune avaient imposé une certaine gêne et qui ne purent lui faire donner qu'une instruction très élémentaire ; mais, ce point de départ modeste ne fait qu'ajouter aux titres de notre collègue qui sut trouver dans son désir de s'instruire, dans sa tenacité au travail, des compensations aux ressources littéraires qui manquèrent à ses premières années. Ses parents étaient venus habiter les environs de Rouen, et, sur les conseils de M. Lebret, pharmacien de cette ville, qui avait pressenti les aptitudes du jeune homme, ils se décidèrent à le placer comme apprenti chez M. Levavasseur, pharmacien à Bacqueville. C'était en 1828, Lepage avait alors 14 ans. L'apprentissage fut rude, pour lui surtout qui était d'une santé délicate ; les élèves faisaient alors tous les travaux d'un homme de peine ; en outre du service de détail, toute la journée, il fallait piler, moudre, laver et, le soir venu, on lui permettait de se reposer une heure avant de se coucher. Un soir d'hiver, exténué de fatigue, il s'endormit si profondément auprès du poêle, qu'il ne s'aperçut pas qu'il rôtissait à petit feu. Cruellement brûlé, il garda toute sa vie les traces de cette aventure. Ce fut là, deux ans après son entrée, qu'avec l'aide d'un frère de son patron, il reçut les premières notions de la langue latine.

En 1832, il arrivait à Rouen avec un bagage scientifique bien léger ; c'est lui qui nous le dit dans des notes autobiographiques que sa famille a bien voulu me communiquer : « Mon patron, dit-il, prenait peu de souci
» de l'instruction de ses employés... Le brave homme
» ne donnait jamais d'explications à ses élèves et se
» gardait bien de leur faire la moindre question, soit
» de chimie, soit de pharmacie. Je n'ai jamais eu chez
» lui à ma disposition que le traité de pharmacie de
» Baumé qu'il suivait pour la plupart de ses préparations, lesquelles, du reste, étaient peu variées. Je ne
» lui connaissais aucun ouvrage de chimie, de botanique
» ou d'histoire naturelle. »

Lepage entra à Rouen chez M. Martin, rue Bouvreuil, qui, appréciant bientôt ses qualités, en fit son premier élève, et à sa mort, en 1834, Lepage resta gérant de l'officine jusqu'à ce qu'elle pût être vendue, en 1836 ; c'est alors qu'il se plaça chez M. Tholomée, rue Beauvoisine, où il devait achever son stage. Ses études de latin, interrompues pendant quelque temps, furent reprises avec une nouvelle ardeur sous la direction de M. l'abbé Pitres. En entrant chez M. Tholomée, il s'était réservé la facilité d'assister aux cours de M. Girardin et de M. Pouchet; il sut tirer un grand profit de ces savantes leçons, mais la chimie surtout avait ses préférences. Les excellents traités de Soubeiran et de Guibourt, qui venaient de paraître, complétaient à la maison, après l'enseignement oral donné par les éminents professeurs, les connaissances variées que l'on exige du pharmacien.

Enfin, en 1838, le 5 septembre, âgé seulement de 24 ans, il se présentait devant le Jury médical de la Seine-Inférieure. Tous les examens sont passés avec la note *très satisfait* et les félicitations des examinateurs. Le jour même, il recevait à l'Hôtel-de-Ville le prix du concours ouvert entre les élèves qui suivaient les leçons de M. Girardin.

On avait cru prudent de faire recommander le candidat par son parent, M. Bôné, procureur du roi à Neufchâtel, à M. le docteur Leudet, président du Jury; la précaution était inutile, le lendemain des examens, M. Leudet envoyait à M. Bôné le billet suivant :

« Mon cher Camarade,

» Je n'ai eu rien à faire en faveur de votre protégé, M. Lepage, sa dispense a été annoncée par le Ministre (1). Recevez mes félicitations sur votre jeune parent ; c'est un jeune homme d'une grande instruction en pharmacie et d'une fort bonne tenue dans ses examens. Son avenir doit être honorable.

» Agréez, etc.

» Dʳ LEUDET.

» 6 septembre 1838. »

---

(1) Dispense d'âge.

Tels ont été les préludes brillants d'une carrière qui resta toujours honorable et féconde.

En attendant l'occasion d'un établissement convenable, Lepage ne pouvait rester inactif. Muni d'une lettre de recommandation, il se rend à Paris et entre dans la fabrique de produits chimiques de Guérin Vary. Un an après environ, il achetait une pharmacie à Gisors. Comme son diplôme du Jury médical ne lui permettait de s'établir que dans la Seine-Inférieure, il résolut de se faire recevoir à l'école Supérieure de Paris, cela ne présentait pour lui aucune difficulté et, en avril 1843, il revenait à Gisors possesseur d'un diplôme de première classe.

Une fois établi, Lepage donna tous ses soins à sa pharmacie, dont la clientèle fut doublée en quelques années ; mais il ne se désintéressa jamais du mouvement scientifique, et au contraire s'y mêla activement. Dans son laboratoire, il étudiait, il élucidait les questions de pharmacologie, de chimie, d'hygiène les plus variées et nul ne mit plus de prudence, de méthode, de science, de loyauté dans ses travaux. Ses analyses, ses expertises pourraient servir de modèle et seront toujours consultées avec profit. Formé à l'école de M. Girardin, avec lequel il conserva toujours les relations les plus honorables, il s'inspirait des qualités maîtresses de son éminent professeur.

Les travaux de Lepage se rapportent surtout à la pharmacie et à l'hygiène, mais aussi à la chimie pure et à des questions agricoles. On en pourrait citer 70 épars dans les journaux et les revues scientifiques, nous citerons seulement les principaux :

Mémoire sur la formation de l'huile volatile dans les plantes anti-scorbutiques.

Histoire chimique et technologique du marron d'Inde.

Mémoire sur l'opium indigène.

Les eaux potables et économiques de l'arrondissement des Andelys.

Les plantes médicinales du département de l'Eure.

Des propriétés physiques, organoleptiques et chimiques des sirops médicamenteux.

Essai sur les caractères chimiques, organoleptiques etc. des préparations pharmaceutiques.

Dialyse et caractères des principaux extraits pharmaceutiques.

Guide pratique pour l'essai des médicaments galéniques et chimiques inscrits au codex. Cet ouvrage le plus important de beaucoup et auquel ses travaux antérieurs l'avaient préparé, fut composé en collaboration avec M. Patrouillard, son gendre et digne successeur. Il fut couronné en 1878 par l'Institut, qui lui décerna 500 francs sur le prix Barbier. « Les auteurs, dit le rapport, » ont rendu un véritable service à la médecine et à la » pharmacie, en complétant la pharmacopée nationale » par la recherche des moyens les plus propres à cons- » tater la bonne préparation et la pureté des médica- » ments. » C'est à cette publication que Lepage dut d'être nommé membre correspondant de l'Académie de médecine.

Plusieurs autres travaux de Lepage furent récompensés et mirent en évidence sa personnalité. Beaucoup de Sociétés se l'attachèrent par le titre de correspondant. De 1841 à 1850, il fit un cours de physique et de chimie au collège de Gisors, et, plus tard, pendant plusieurs années, un cours de chimie industrielle destiné surtout aux ouvriers. En 1874, il fondait la Société des pharmaciens de l'Eure qu'il maintint, avec le concours de M. Patrouillard, à un rang distingué. Membre du Conseil d'hygiène du département de l'Eure, chargé de l'inspection des pharmacies dans deux arrondissements, délégué cantonal pour l'instruction publique, expert au tribunal, suppléant de la justice de paix, administrateur de l'hospice, membre du Conseil municipal pendant 29 ans, adjoint au Maire de 1865 à 1871, Lepage épuisa toutes les fonctions qui ne demandent que du dévouement, de la science et du désintéressement.

Pendant l'invasion prussienne, il eut le bonheur de sauver la vie à deux innocents, accusés d'avoir voulu empoisonner les soldats en mettant du phosphore dans la charcuterie. En présence des médecins du corps d'armée, il démontra victorieusement par quelques expériences précises que les viandes incriminées ne contenaient pas de phosphore.

Lepage aurait brillé sur un plus grand théâtre, il préféra rester à Gisors où l'estime de tous lui était acquise, se contentant de goûter les joies paisibles de la famille entre une épouse dévouée et des enfants chéris. Dans cet intérieur si uni, si aimant, tout semblait concourir au seul bonheur que l'on puisse espérer ici-bas, lorsqu'une épreuve cruelle y mit la désolation ; son fils, dont il se plaisait à perfectionner l'instruction, meurt à 24 ans, laissant dans la famille un deuil que le temps n'a pu faire oublier. Le Ciel lui devait une compensation, il la trouva dans le gendre si sympathique qui recompléta la famille. Il eut, en effet, cette faveur inappréciable de rencontrer dans M. Patrouillard une parfaite communauté d'opinion pour tout ce qui fait la vie de l'homme : devoirs de famille, obligations professionnelles, connaissances scientifiques. Il aimait à exprimer la vive satisfaction que lui avait causé cette union.

Lepage aimait sa profession, il en avait une haute idée et concevait, à un point de vue trop souvent oublié, la mission scientifique du pharmacien. C'est surtout dans les petites villes que le concours du pharmacien est réclamé pour la justice, l'hygiène, l'agriculture, l'industrie et les arts. C'est le chimiste éminemment pratique, facilement abordable, toujours prêt. S'il est instruit et laborieux, que de services ne peut-il pas rendre autour de lui ! Mais, avant tout, Lepage était pharmacien ; c'était avec un soin jaloux qu'il s'occupait de la préparation de ses produits, contrôlant les procédés, en cherchant de meilleurs et voulant assurer aux médicaments toute leur efficacité. Il était bien le collaborateur et l'auxiliaire du médecin et réalisait dans la pratique ce portrait du pharmacien, tracé par le vieux Spielmann :

« Ritè formatus pharmacopœus, dignitatem artis
» suæ tuebitur..... ad provehendam medicinam augen-
» damque naturæ cognitionem, scientiœque naturalis
» ambitum ampliandum haud inanem operam contri-
» buet, unà cum medico saluti civium pariter consulet,
» Doctoris medicinæ nequaquam, ut vulgò videtur,
» famulus, sed frater, collega, cooperator, amicus ! » (1)

S'il fut un homme de science, notre collègue fut aussi un homme de bien. Profondément croyant, il puisait dans les principes les plus solides, l'honnêteté, la loyauté, l'urbanité, qui faisaient le charme de ses relations. « Fidèle dans ses amitiés, a dit si justement » M. Louis Passy, notre honorable président, très-ferme » dans ses convictions politiques et religieuses, il se

____

(1) Le pharmacien instruit, maintiendra la dignité de son art, il contribuera puissamment à faire progresser la médecine, à augmenter la connaissance de la nature et à étendre le domaine des sciences naturelles. Il concourrera avec le médecin à l'amélioration de la santé publique. Il n'est point, comme on le croit généralement, le serviteur du médecin, mais son frère, son collègue, son coopérateur, son ami !

» tenait volontiers à l'écart et évita toujours les batailles
» de paroles qui aigrissent les situations. (1) » Sa vie
s'écoula, a-t-on dit encore avec vérité sur sa tombe, à
l'ombre d'un seul drapeau, celui de l'honnêteté et de la
science !

Lepage souffrait depuis quelques années d'une affec-
tion de la prostate ; cependant son ardeur pour le travail ne se ralentissait pas ; dans la maturité du talent,
il pouvait rendre encore de grands services à la science,
mais dans les premiers mois de l'année, son état
s'aggrava ; les organes essentiels de la vie étaient
atteints, et malgré les soins affectueux qui l'entouraient,
le 8 mai dernier il expirait sans agonie. Il mourut
comme il avait vécu, animé de grands sentiments de foi
et d'espérances chrétiennes. Tous pleuraient autour de
sa couche, mais lui, calme, résigné, acceptait simple-
ment le douloureux sacrifice.

Ses obsèques ont été dignes, tout ce que la ville de
Gisors compte de notabilités y assistait. Des délégués
de Rouen, d'Evreux, de Paris étaient venus s'associer
au deuil de la famille et de la pharmacie.

Depuis longtemps, j'étais lié avec Lepage ; nul n'ap-
préciait plus que moi sa science éprouvée, la sûreté de
son amitié, sa bienveillance et son honorabilité ; aussi,
ai-je accepté avec plaisir la mission que m'offrait la
Société de l'Eure. Je suis heureux de rendre à mon
cher confrère ce public et dernier témoignage et de
m'associer à cette glorification d'un compatriote que
l'on peut présenter comme modèle aux jeunes gens.
Parti des rangs les plus modestes, il est arrivé par son
travail, sa persévérance et son beau caractère, à cette
situation éminente qui lui vaut les hommages que ses
concitoyens lui décernent aujourd'hui.

---

(1) Article nécrologique sur Lepage dans le *Vexin* du 16 mai 1886.

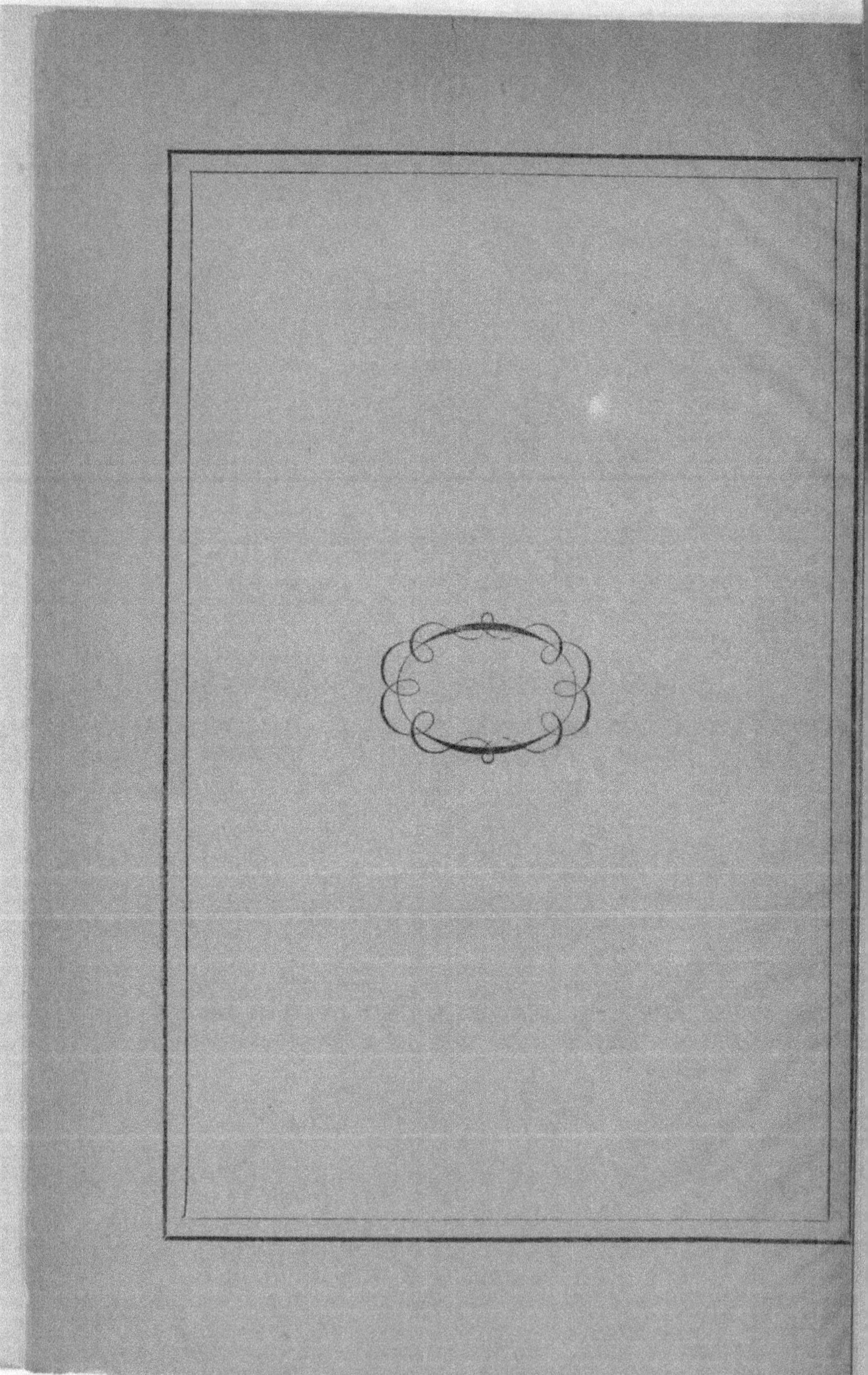

www.ingramcontent.com/pod-product-compliance
Lightning Source LLC
LaVergne TN
LVHW021459060726
842527LV00006B/2337